현실치료 그림책 ❶

벼리의 행복찾기

현실치료 그림책 ①

벼리의 행복찾기

초등상담나무 글 | 최다은 그림

학지사

나는 벼리라고 해.
가끔 수업 시간에 씩씩하게 발표를 하지.

우와~

성공할 수 있을까?

난 오늘도 열심히 했는데
딱히 즐겁지는 않았어.

오늘은 소풍을 가는 날이야.

난 오늘 비행기 날릴 거야!

조금 무서웠지만

나는 혼자 보물을 찾으러 갔어.

우와! 여긴 어디지?

멀리 가지 말라는 선생님의 말씀이 생각났지만,
보물을 찾기 위해 들어가 보기로 했어.

나는 한 사진 앞에 멈춰 섰어. 그리고 가만히 바라보았지.

그 사진을 보는 내내 정말 행복했어.

맞아, 친구들이랑 같이 풀꽃 반지를 만들었을 때 정말 즐거웠었는데…….

그때 밖에서 선생님 목소리가 들렸어.

"얘들아~ 이제 집으로 돌아가자~."

내가 찾은 보물은
바로
이 풀꽃 반지야.

오늘도 난 열심히 했어.
하지만 즐겁지는 않았어.

그때 내 손의 풀꽃 반지가 보였어.
하얗고 조그맣고 예쁜 풀꽃 반지가.

아~ 나도 친구들과 함께하고 싶어!

그래서 난 노력했지!
예전처럼 친구를 졸졸 따라다녀 보기도 하고

고양이처럼 몸을 비벼 보기도 하고

공작이랑 친해지고 싶어!

진짜 멋지다!

우와~~.

이상해!

벼리야, 뭐해?

공작처럼 예쁘게도 해 봤어.

사자처럼 큰 소리를 내보기도 했어.

올 자!!!

이것도 해 보고 저것도 해 봤는데
⋮
왜 안 되지?

나비가
풀
꽃
반
지
에 앉았어.

이제야 알았어!
다른 방법이 또 있다는 사실을!

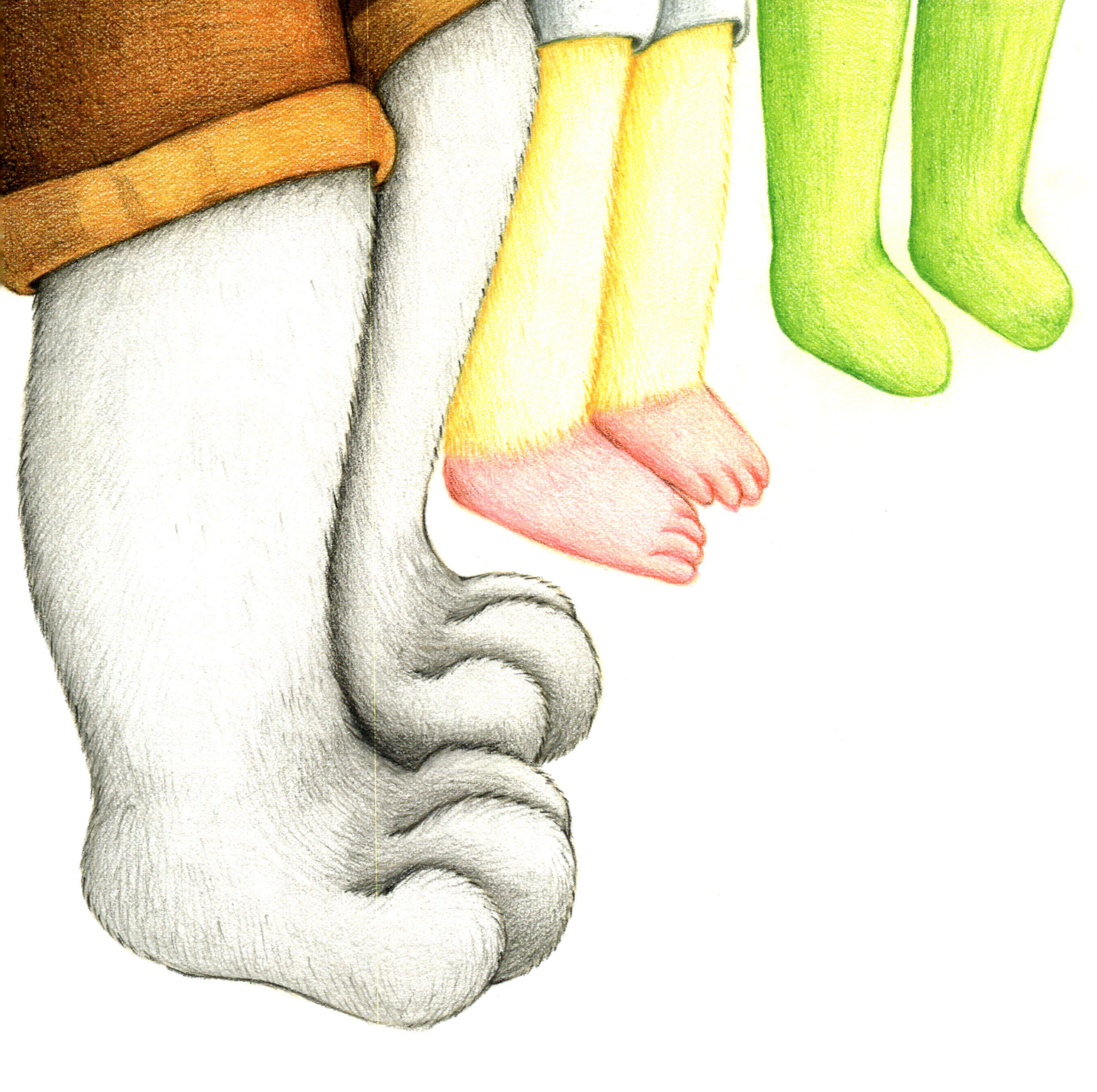

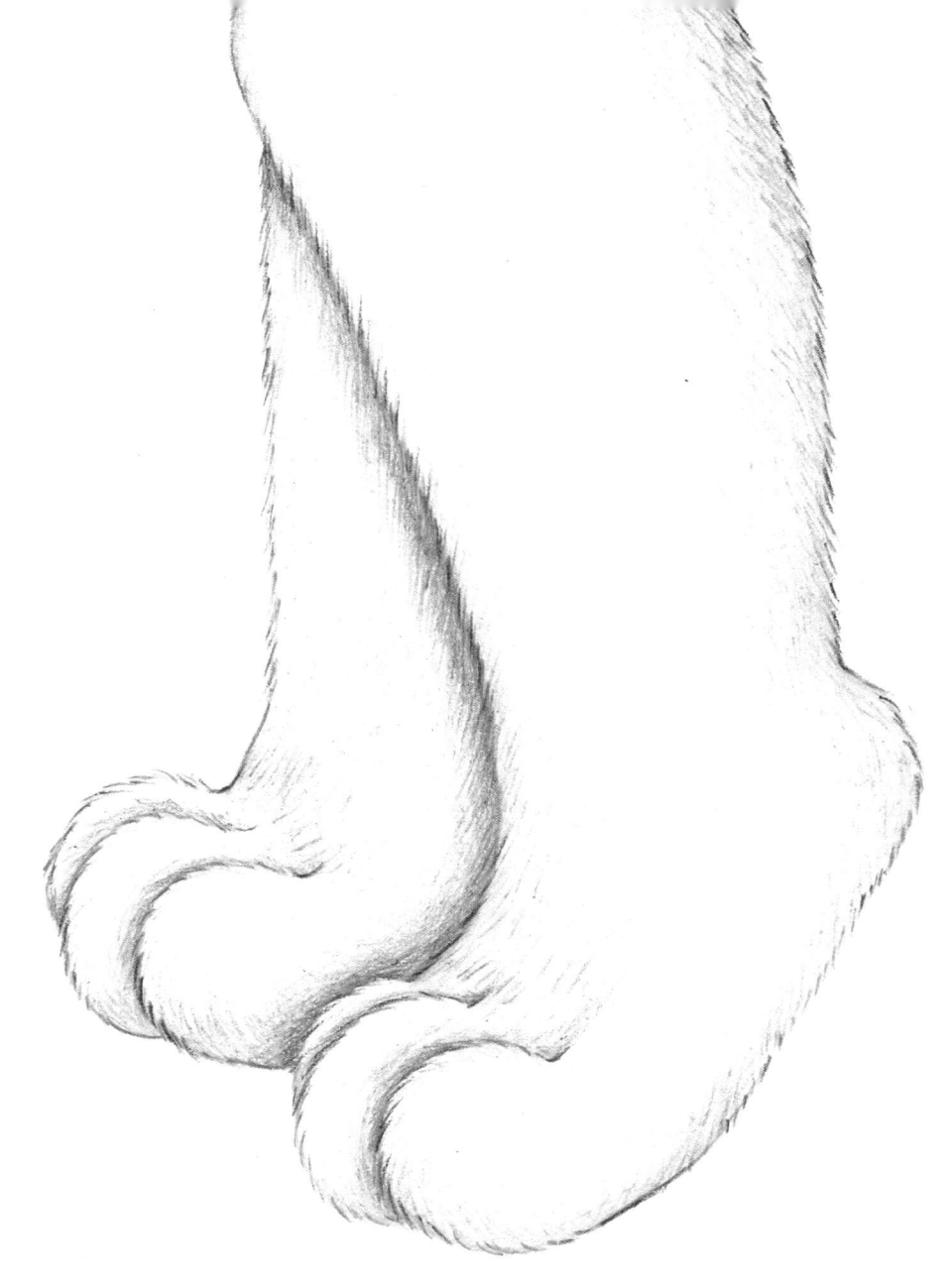

난 친구들에게 다 가 갔 어.
그리고 말했어.

우리 …… 같이 **풀꽃 반지** 만들래?

그림책으로 들려주는 현실치료 이야기
-이런 도움이 되었으면 하는 마음으로-

☑ 현실치료를 소개합니다.

 현실치료란 내가 하는 행동은 나의 선택이라는 선택 이론을 바탕으로 하는 상담 기법이에요. 현실치료의 방법에 따르면 내적·외적 갈등이 생겼을 때 자신의 감정에만 몰입하지 않고 지금 자신이 원하는 것을 찾고(Want), 그것을 이루기 위한 다양한 방법을 탐색하고(Doing), 실천하면(Evaluation, Plan) 갈등을 긍정적으로 해결할 수 있어요. 현실치료의 강점은 자신의 생각과 행동을 스스로 변화시킨다는 거예요.

☑ 현실치료가 아이들에게 왜 필요한가요?

 아이들은 다양한 장소와 대상에게서 갈등을 겪어요. 이러한 갈등과 마주하였을 때 아이들은 여러 가지 방법으로 갈등을 해결하거나 회피하려고 해요. 화를 내거나, 감정을 억누르고 피하거나, 울거나 고함을 지르기도 해요. 이러한 행동들은 아이들의 갈등 해결에 도움이 되지 않아요. 예를 들어, 학교에서 친구와 다툰 아이가 있어요. 그 아이가 정말 원하는 것은 친구와 친하게 지내는 것이었는데 계속 장난을 치는 친구에게 화를 내고 말았어요. 그 후에는 그 친구와 예전처럼 친하게 지내는 데 어려움을 겪을 거예요.
 만약 갈등 상황에서 아이가 스스로 원하는 것(Want)을 떠올려 보고 그것을 이루기 위한 행동을 탐색(Doing)하여 선택(E, P)한다면 어떻게 될까요? 자신이 정말 원하는 것은 친구와 친하게 지내는 것이기 때문에 자신의 속상한 부분을 설명하거나 속마음을 담은 편지를 보내는 등의 방법을 선택하면 좋은 관계를 유지할 수 있을 거예요.
 세상에는 벼리와 같은 수많은 아이가 있어요. 그 아이들이 이 책을 보고 자신이 진정으로 원하는 것을 스스로 찾고, 그것을 이루기 위해 다양한 방법을 탐색하고 실천하며, 자신의 행복을 찾았으면 좋겠어요.

☑ **이렇게 읽어 보세요.**

(1) 자유롭게 그림책을 읽어요.

(2) 그림책 해설을 읽고 그림책을 다시 감상해요!
이 그림책에 현실치료가 어떻게 담겨 있는지 알고 다시 첫 페이지로 돌아가 읽어 보세요.

<그림책 해설>

'벼리의 행복찾기'의 전반적인 내용은 현실치료의 **W**ant(원하는 것 탐색하기)-**D**oing(행동 탐색하기)-**E**valuation(반성하기)-**P**lan(다른 행동 계획하기)에 따라 진행됩니다. 주인공 '벼리'는 뭐든지 혼자서 씩씩하게 잘 해내는 친구입니다. 그러나 왠지 모를 허전함에 휩싸입니다(**내적 갈등 발견**). 벼리는 학교에서 혼자 지냅니다. 소풍을 가는 날에도 벼리는 역시 혼자서 보물찾기를 합니다. 그러다 우연히 숲속 나무 사진관에 들어가게 되었고, 수많은 사진 중 친구들과 함께 행복하게 웃고 있는 자신의 모습을 발견합니다(**W 원하는 것 탐색하기**). 그곳에서 벼리는 자신이 원하는 행복은 친구들과 함께하는 것임을 깨닫게 됩니다. 이후 벼리는 친구들과 어울리기 위해 여러 가지 행동을 실천합니다(**D 행동 탐색하기, E 반성하기, P 다른 행동 계획하기**). 그러나 좀처럼 친구들과의 거리가 좁혀지지 않아 막막할 때, 어릴 적 친구들과 토끼풀 꽃반지를 만들었던 기억을 떠올립니다(**E 반성, P 다른 행동 계획하기**). 토끼풀 꽃을 한 아름 안고 친구들에게 조심스럽게 다가간 벼리는 이내 진정한 행복을 느끼게 됩니다.

(3) 자신의 갈등을 스스로 해결해 보아요.

아이에게 갈등이 생겼나요? 이 책을 읽고 다음 활동지의 질문에 답할 수 있게 해 보세요. 아이들도 벼리처럼 자신의 갈등을 스스로 해결해 나아갈 힘을 얻을 거예요.

▲ 벼리의 갈등 해결 과정을 알아보는 활동지

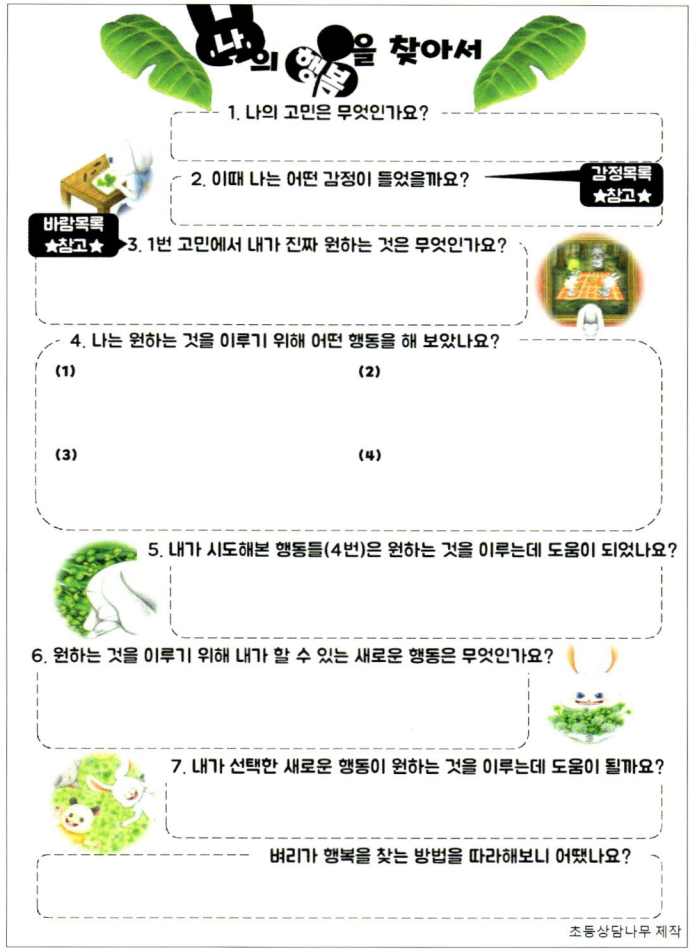

▲ 나의 갈등을 해결해 보는 활동지

　더 많은 활동지를 공유받으시려면 다음 QR코드를 통해 활동지 저장소로 들어오세요. 가정과 학교에서 아이들과 함께할 수 있는 재미나고 창의적인 활동지가 기다리고 있어요!

저자 소개

글쓴이 **초등상담나무**
최다은(김해삼계초등학교)
김미란(양산증산초등학교)
김여울(양산회야초등학교)
백은미(대구대천초등학교)
이성량(김해관동초등학교)
이지은(양산증산초등학교)
정윤선(양산중부초등학교)

그린이 **최다은**(김해삼계초등학교)

벼리의 행복찾기

현실치료 그림책 ❶

2024년 4월 10일 1판 1쇄 인쇄
2024년 4월 20일 1판 1쇄 발행

지은이 • 초등상담나무
그린이 • 최다은
펴낸이 • 김진환
펴낸곳 • ㈜ **학지사**

04031 서울특별시 마포구 양화로 15길 20 마인드월드빌딩
대표전화 • 02)330-5114　　팩스 • 02)324-2345
등록번호 • 제313-2006-000265호

홈페이지 • http://www.hakjisa.co.kr
인스타그램 • https://www.instagram.com/hakjisabook

ISBN 978-89-997-3077-1 03370

정가 15,000원

저자와의 협약으로 인지는 생략합니다.
파본은 구입처에서 교환해 드립니다.

이 책을 무단으로 전재하거나 복제할 경우 저작권법에 따라 처벌을 받게 됩니다.

출판미디어기업 **학지사**

간호보건의학출판 **학지사메디컬** www.hakjisamd.co.kr
심리검사연구소 **인싸이트** www.inpsyt.co.kr
학술논문서비스 **뉴논문** www.newnonmun.com
교육연수원 **카운피아** www.counpia.com
대학교재전자책플랫폼 **캠퍼스북** www.campusbook.co.kr